MIT SCHABLONEN MALEN

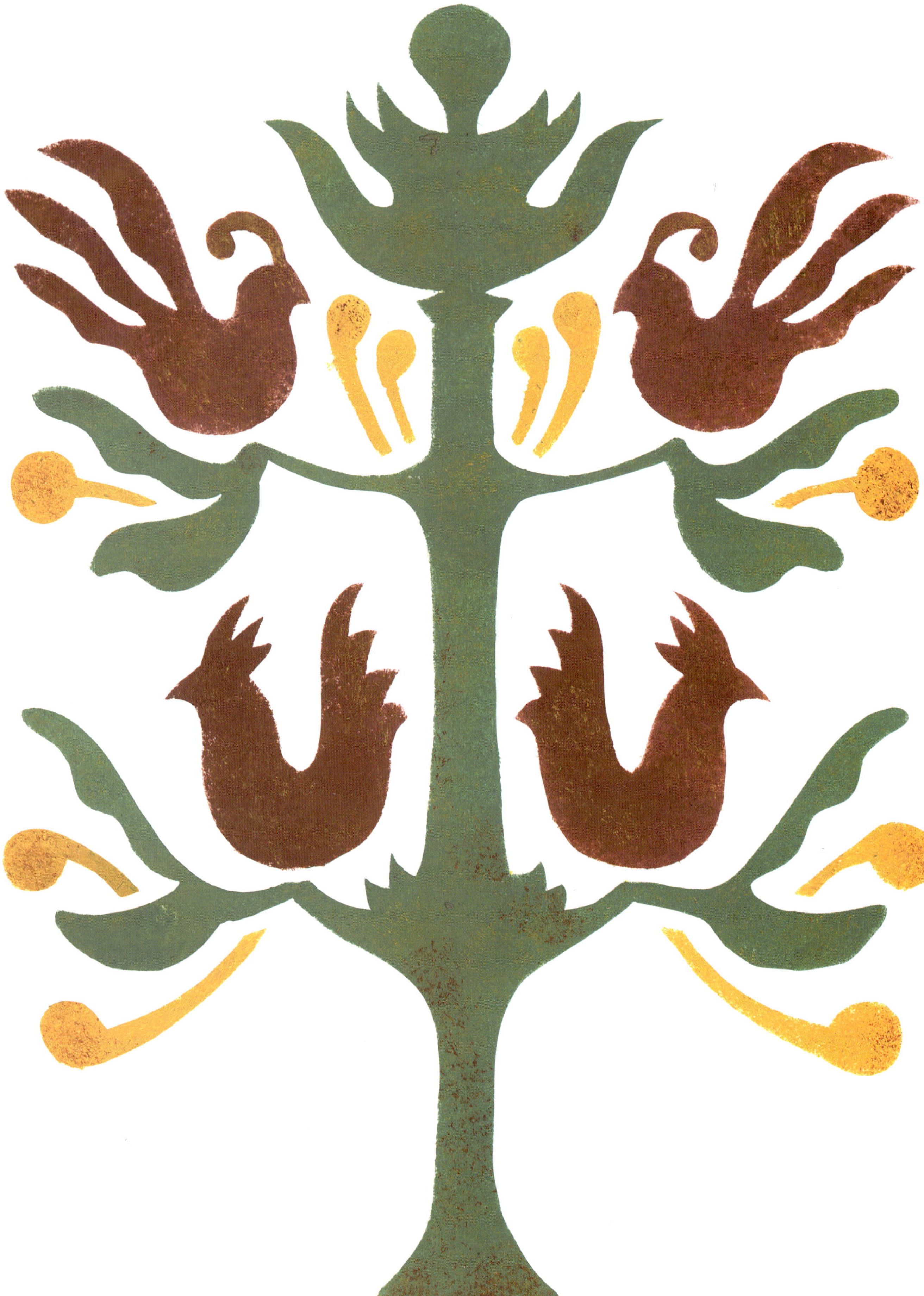

Lucinda Ganderton
MIT SCHABLONEN MALEN

Eine Sammlung von 200 Schablonenmotiven

MONDO-VERLAG

Dieses Buch ist meinem Sohn Alexander gewidmet.

Für die Originalausgabe unter dem Titel: *Stencil Source Book*
Übersetzung ins Deutsche: Karin Klappert
Fotografien: Jon Bouchier

© 2001, Lucinda Ganderton, Text
© 2001, David & Charles, Newton Abbot, Devon, Grossbritannien

Für die französische Ausgabe unter dem Titel *Pochoirs*:
© 2003, LTA, eine Abteilung von Meta-Éditions, Paris, Frankreich
Mit Schablonen malen
Sonderausgabe mit freundlicher Genehmigung der Verleger:
2003, Mondo-Verlag AG, Vevey, Schweiz
ISBN 2-8320-0426-1
Druck: Dai Nippon, Hong Kong

Die Autorin und die Verleger haben alle Vorkehrungen getroffen, um die vorliegenden Anleitungen so genau und so sicher wie möglich darzustellen. Deshalb können sie im Falle allfälliger Verletzungen, Schäden oder Unfälle nicht haftbar gemacht werden.

Die Illustrationen in diesem Buch sind für den persönlichen Gebrauch bestimmt und dürfen nicht zu kommerziellen Zwecken vervielfältigt werden.

Die Bilder auf den Seiten 6 bis 9 wurden freundlicherweise von David George/Elizabeth Whiting Associates zur Verfügung gestellt.

Inhalt

Einführung 6

Grundtechniken 10

Material und Handwerkszeug 12
Herstellung einer Schablone aus Papier 14
Herstellung einer Schablone aus Acetatfolie 15
Schablonieren 16
Auftragen der Farbe 18
Finish 20
Komposition 22

Folklorestil 24

Herzen, Schmetterlinge, Füllhorn, Fliegende Vögel, Singvogel, Hühnerhof, Arts-and-Crafts-Motive, Tierevom Bauernhof, Heraldische Einhörner, Rentiere, Arche Noah, Litauische Volkskunst, Schwammdekor-Keramik, Russische Stoffe, Skandinavische Stickerei, Amerikanische Wandschablonen, Applikationsmotive, Patchworkmotive, Polnische Blumen

Klassische Motive 58

Lorbeerkranz, Anthemionfries, Griechischer Mäanderfries, Griechische Vasen, Römischer Mosaikfries, Mosaikvogel, Bourbonenlilie, Löwe und Adler, Viktorianische Gotik, Italienische Renaissance, Verschlungene Raute, Renaissancebrokat, Lilie, Iris und Pfingstrose, Kaschmirmuster, Indischer Elefant, Chinesische Kalligraphie, Ming-Vase, Japanische Blüten und Blätter, Runder keltischer Knoten, Book of Kells, Spanische Kachel und Fries, Jugendstilblumen, Mittelmeersonne und Sterne, Buchstaben und Ziffern

Blumen und Früchte 94

Fuchsie und Rosen, Frühlingsblumen, Blumen fürs Kinderzimmer, Tulpe und Nelke, Osmanisches Nelkenmotiv, Holländische Tulpen und Vase, Rosen und Bänder, Schlüsselblumen und Veilchen, Klematis, Glockenblumen, Osterglocken, Sonnenblume, Einfache Margeriten, Chrysanthemenfries, Winterbeerenfries, Kirschblüten und Kirschen, Äpfel und Birnen, Herbstblätter, Weinfries, Erdbeeren, Ananas, Orangen und Zitronen, Orangenbaum, Pfirsichbaum

Meeres- und Schiffsmotive 128

Strandmotive, Himmel, Leuchtturm, Signalisationsflaggen, Wellen- und Kettenfries, Geknotetes Seil, Seilfriese, Anker, Segelschiffe, Flaschenschiff, Boote fürs Kinderzimmer, Goldfische und Algen, Tropische Fische und Koralle, Palmen, Delfine, Meereskreaturen, Seepferdchen, Seesterne, Krebs, Schneckenmuscheln, Jakobsmuscheln und Steine, Muscheln und Koralle

Register 158-159

Einführung

Die Schablonenmalerei ist eine der ältesten Methoden zur Wiedergabe von Mustern und Buchstaben auf einer Reihe von Untergründen wie Wände und Fussböden oder Möbel und Schilder. Sie wurde zum Bemalen von Holzschnitt-Illustrationen und vor der Erfindung des Siebdrucks zum Bedrucken von Stoffen verwendet. Trotz ihres Alters hat diese Technik nichts von ihrer Beliebtheit eingebüsst und ist auch heute noch wegen ihrer Vielseitigkeit und Einfachheit weit verbreitet im Handwerk und bei der Wohnungsdekoration.

Im Mittelalter dienten Schablonen dazu, in Kirchen und Privathäusern üppige und leuchtende Dekorationen zu schaffen.

Im Viktorianischen England wurden die Schablonenmotive dem neugotischen Stil angepasst. Bei Restaurationsarbeiten im grossen Midland Hotel in London sind in Fluren, Treppenhäusern und in riesigen Rezeptionssälen bunte Ornamente von erstaunlicher Komplexität zum Vorschein gekommen.

Zu ihrer Blütezeit zwischen 1770 und 1860 wurde die amerikanische Schablonenmalerei in Neuengland und Pennsylvania von der Volkskunst

Gotische Motive und ein einfacher Sägezahnfries in Primärfarben wurden zur Dekoration dieses Treppengeländers benutzt.

MIT SCHABLONEN MALEN

Ein diagonal verlaufendes Blumenmotiv ziert diese skandinavische Werkstatt.

holländischer, deutscher und Schweizer Einwanderer beeinflusst. Im Haus wurden damit Stühle, Tische, Türen, Fensterrahmen und Zinnwaren dekoriert, während draussen Holzscheunen mit auffälligen geometrischen Symbolen geschmückt wurden.

Gedämpftere Farben – eine Palette von graugrünen Tönen und dunklem Creme und Blau – wurden in Skandinavien benutzt, wo traditionelle schablonierte und gemalte Interieurs nie an Bedeutung verloren haben.

Die ersten kommerziellen Schablonenmuster wurden vor über hundert Jahren veröffentlicht und waren sofort bei Profis und Heimwerkern gleichermassen begehrt. Ein Anleitungsbuch aus den 1920ern, als die strahlenförmigen und formalen Muster des Art déco ideale Vorlagen abgaben, versicherte seinen Lesern, dass diese Arbeit von jedem (ohne künstlerische Ausbildung) ausgeführt werden könne, der ein Gefühl für Farben habe und ein wenig Einfallsreichtum bei der Anordnung der Muster zeige. Zu dieser Zeit dekorierten Vanessa Bell und Duncan Grant die Wände ihres Hauses in Charleston mit spontanen und lebhaften geometrischen Schablonenmustern.

Aber die Schablonendekoration hatte auch einen viel profaneren Nutzen. Dünne Metallschablonen mit Buchstaben und Logos wurden zum Markieren von Holzkisten benutzt, die so unterschiedliche Waren enthielten wie Samen, gesalzenen Fisch und Zitronen aus Sorrent. Mit kleineren Schablonen wurde Wäsche mit Monogrammen versehen und mancherorts sieht man auch heute noch schablonierte öffentliche Mitteilungen.

MIT SCHABLONEN MALEN

Die Kombination der Kontraste Dunkel auf Hell mit Hell auf Dunkel bewirkt einen Tapeteneffekt in ruhigem Blau und Grau.

Wie die Arbeitsanleitung aus den 1920er-Jahren so soll auch das vorliegende Buch eine Quelle der Inspiration und eine Bildersammlung sein für alle, vom Anfänger bis zum erfahrenen Designer, die sich für Schablonendekoration interessieren. Ob Sie nun individuelle Grusskarten anfertigen möchten oder die Herausforderung suchen, die darin besteht, die Schlafzimmerwände mit einem alten amerikanischen Muster zu dekorieren, sicherlich finden Sie etwas, was Sie anspricht.

In vier Kapiteln werden über zweihundert aussergewöhnliche Muster vorgestellt: Folklorestil, Klassische Motive, Blumen und Früchte, Meeres- und Schiffsmotive. *Jedes Kapitel enthält eine Reihe von grossen und kleinen Schablonen sowie eine Auswahl von Friesen. Alle können einzeln oder als Wiederholungen benutzt werden, aber einige eignen sich am besten als Teil einer grösseren Dekoration und zusammen können sie einen thematischen Fries oder ein Paneel bilden wie die Arche Noah im Folklorestil.*

Zu Beginn sind keine grossen Ausgaben notwendig, ausser für etwas elementares Künstlerwerkzeug und -material. Dank moderner Erfindungen – Acetatfolien, Fotokopien und Stencil Burner – kann man bei der Anfertigung und Anpassung von Schablonen viel Zeit gewinnen, aber Schablonenpapier ist für manche Muster immer noch das beste Material. Im nächsten

MIT SCHABLONEN MALEN

Kapitel werden Ihnen die Grundtechniken zur Herstellung Ihrer eigenen Schablonen gezeigt. Lassen Sie sich beim Experimentieren Zeit und entwickeln Sie Ihre eigenen Ideen beim Gebrauch der unterschiedlichen Künstlerfarben, für ungewöhnliche Farbkombinationen oder beim Variieren der Mustergrösse. Um eine modernere Wirkung zu erzielen, werden Sie eher grossflächig mit reinen und kräftigen Farben arbeiten. Wenn Sie jedoch einen weicheren, eher antiken Stil vorziehen, wählen Sie Lavierungen oder andere Farbeffekte. Was auch immer Sie kreieren, es ist Ihre persönliche Sichtweise: Zwei Personen werden eine Schablone immer anders interpretieren.

Friesmotive können sowohl vertikal als auch horizontal angefertigt werden; sie sind besonders wirkungsvoll in Verbindung mit anderen Ornamenten.

Grund-
techniken

Die Grundtechniken der Schablonenmalerei sind sehr einfach: Der Schlüssel zum Erfolg liegt darin, die Farbe nicht zu dick aufzutragen, damit sie nicht tropft oder unter die Schablone läuft. Wenn Sie mit den elementaren Methoden des Auftragens von Farbe vertraut sind, können Sie Ihre eigene Technik entwickeln, um verschiedene Farbeffekte und Muster zu kreieren. Die Anleitungen auf den folgenden Seiten erklären Ihnen, wie Sie Ihre Schablonen mithilfe der Motive dieses Buchs herstellen und wie Sie die Schablonen für unterschiedliche Effekte nutzen können.

GRUNDTECHNIKEN

Material und Handwerkszeug

Zum Schablonieren bedarf es keiner besonderen Ausrüstung, auch wenn es einige Artikel im Handel gibt, die die Arbeit erleichtern. Wenn Sie zum Beispiel Ihre Schablonen mehrfach gebrauchen möchten, sollten sie aus haltbarem Material wie Acetatfolien sein.

ACRYLFARBE

SCHABLONEN-MALCREME

ÖLKREIDEN

KERAMIKFARBE

MALPALETTE

STOFFMALFARBE

FARBEN AUF WASSERBASIS

Acrylfarben auf Wasserbasis in Tuben oder Töpfchen können rein oder für individuelle Farbtöne vermischt angewendet werden. Die dickflüssige Farbe trocknet schnell und dünn aufgetragen, läuft sie nicht unter die Schablone. Strukturgels bestehen aus kleinsten Plastikkörnern in einer klaren Flüssigkeit und können mit den Acrylfarben vermischt werden. Verschiedene Hersteller bieten eine Reihe rustikaler oder traditioneller Schablonierfarben an, während Emulsionsfarbproben eine gute Gelegenheit darstellen, ungewöhnliche Wandfarben auszuprobieren.

FARBEN AUF ÖLBASIS

Diese kräftigen Farben trocknen langsamer, aber sie lassen sich gut vermischen und ergeben ein üppiges, glattes Finish. Man bekommt sie in Form von Stiften, Schablonierstiften oder als Schablonen-Malcreme in flachen Schraubtöpfchen. Metallic-Wachs ist erhältlich in einer Reihe von Farben von Aluminium bis Bronze und ist ideal zum Hervorheben von Zonen innerhalb eines Musters.

KERAMIKFARBE

Diese leuchtenden Farben, opak oder transparent, können im Backofen erhitzt und auch zur Dekoration von Keramik oder Glas verwendet werden.

STOFFMALFARBE

Diese Farben auf Wasserbasis für das Bemalen von Textilien können mithilfe eines Bügeleisens fixiert werden und sind handwaschbar.

EINE MALPALETTE ist praktisch zum Mischen der Farben, aber eine alte Untertasse oder eine Kachel können diesen Zweck ebenfalls erfüllen.

FIRNIS

Sprühfirnis, matt oder glänzend, schützt die fertigen Schablonenmuster und sollte immer auf Wänden, Möbeln und anderen Untergründen, die stark in Mitleidenschaft gezogen werden, benutzt werden.

GRUNDTECHNIKEN

SCHABLONIERPINSEL

Diese Pinsel bestehen aus steifen, dichten Borsten, eigens zum Aufstupfen der Farbe bestimmt.
Sie sind erhältlich in Grössen von 5 mm bis 4 cm. Die kleinsten Pinsel eignen sich für das Malen von Details und komplexere Muster, die grösseren für das schnelle Auftragen der Farbe. Naturschwämme eignen sich am besten zum Abdecken von grossen strukturierten Flächen.

WERKZEUG FÜR DIE SCHABLONENHERSTELLUNG

Eine Reihe harter und weicher Bleistifte und ein feiner Kugelschreiber sowie Pauspapier oder Kohlepapier sind notwendig, um die Muster auf das Schablonenpapier zu übertragen. Letzteres ist biegsames Manilapapier, mit Leinöl imprägniert, damit es wasserfest ist. Ein scharfer Cutter mit einer dünnen Klinge oder ein Künstlerskalpell werden zum Ausschneiden der Schablonen benötigt. Ein Metalllineal ist zum Zeichnen von geraden Linien innerhalb eines Musters notwendig. Aus Sicherheitsgründen sollten Sie immer auf einer Schneidmatte arbeiten.

Durchsichtige oder halb durchsichtige Acetatfolie kann leicht mit dem Cutter geschnitten werden, aber wenn Sie eine Menge Schablonen anfertigen wollen, lohnt sich die Anschaffung eines Stencil Burners, der die Folie an den Schnittlinien zum Schmelzen bringt. Dazu braucht man eine Glasplatte als Unterlage.

BEFESTIGEN DER SCHABLONE

Schablonenkleber ist ein rückstandfrei ablösbarer Sprühkleber, mit dessen Hilfe der Karton oder die Folie flach auf dem zu bemalenden Untergrund gehalten wird. Streifen von leicht ablösbarem Abdeckband dienen dazu, die Schablonenränder festzukleben, ohne den Untergrund zu beschädigen.

13

GRUNDTECHNIKEN

Herstellung einer Schablone aus Papier

Haltbare Schablonen, insbesondere für grössere Designs, geometrische Muster oder solche mit geraden oder sanft geschwungenen Linien, werden traditionell aus geöltem Manilapapier hergestellt. Das Muster wird zuerst auf das Papier übertragen und dann mit einem scharfen Messer ausgeschnitten. Die fertige Schablone kann zusätzlich mit Firnis bedeckt werden, damit sie länger hält.

1 ABPAUSEN VOM BUCH
Das Pauspapier mit leicht ablösbarem Klebeband auf der Buchseite befestigen. Mit einem harten Bleistift den Konturen des Musters entlangfahren. Das Papier umdrehen und mit einem weichen Bleistift über die Konturen des Musters streichen. Drehen Sie das Papier wieder um und befestigen Sie es auf dem Schablonenpapier, dabei rundherum mindestens einen 2 cm breiten Rand lassen. Zum Abpausen des Musters zeichnen Sie mit einem harten Bleistift oder einem Kugelschreiber die Linien des Musters nach.

2 ABPAUSEN EINER FOTOKOPIE
Ein Schablonenmotiv kann durch Fotokopieren vergrössert oder verkleinert werden. Schneiden Sie das Manilapapier ca. 5 cm grösser als das Bild. Legen Sie ein Kohlepapier mit der schwarzen Seite auf das Manilapapier und kleben Sie die Fotokopie mit leicht ablösbarem Abdeckband darauf. Die Konturen jedes Motivs mit einem Kugelschreiber nachzeichnen. Die Fotokopie und das Kohlepapier wegnehmen und eventuell fehlende Linien ergänzen.

3 AUSSCHNEIDEN MIT DEM CUTTER
Zur Sicherheit und um zu vermeiden, dass der Cutter stumpf wird, klebt man das Papier auf eine Schneidmatte. Schneiden Sie mit dem Cutter oder Skalpell ohne allzu starken Druck den Konturen entlang. Halten Sie den Cutter senkrecht und schneiden Sie zu sich hin. Drehen Sie die Schablone beim Schneiden von komplizierten Konturen. Diese Arbeit verlangt Geduld und eine ruhige Hand. Eventuelle Fehler können jedoch mit Hilfe von kleinen Stücken Abdeckband beidseitig der Schablone repariert werden.

GRUNDTECHNIKEN

Herstellung einer Schablone aus Acetatfolie

Plastikfolie ist zwar nicht so haltbar wie Schablonenpapier, aber sie bietet zahlreiche Vorteile. Das Motiv braucht nicht abgepaust zu werden und es ist leicht auszuschneiden. Dadurch ist die Folie ideal für kleinere Muster. Der Gebrauch des Stencil Burners stellt nicht nur eine Zeitersparnis dar, mit ihm kann man auch die komplexesten Kurven und Spiralen einfach und schnell ausschneiden.

1 BEFESTIGEN DER FOLIE
Eine Glasplatte auf die gewünschte Seite (wenn Sie mit einem Buch arbeiten) oder auf die Fotokopie (zum Vergrössern oder Verkleinern des Ornaments) legen. Schneiden Sie ein Stück Folie aus, etwas grösser als das Motiv. Besprühen Sie es auf der Unterseite mit ein wenig Sprühkleber und befestigen Sie es mit leicht ablösbarem Abdeckband so in der Mitte der Glasplatte, dass das ganze Muster sichtbar ist.

2 AUSSCHNEIDEN MIT DEM STENCIL BURNER
Die Schablone kann nun mit einem Cutter geschnitten werden unter Beachtung derselben Regeln (siehe gegenüberliegende Seite) wie bei Schablonenpapier. Wenn Sie einen Stencil Burner benutzen, lesen Sie die Anleitung des Herstellers aufmerksam durch und üben Sie zuerst auf einem Folienrest. Gleichmässig und ruhig den Konturen entlangfahren und nicht zu lange an einer Stelle verweilen, da sonst ein Loch entsteht.

3 FERTIGSTELLEN DER SCHABLONE
Das Klebeband abreissen und die Folie vorsichtig vom Glas lösen. Durch den Stencil Burner ist die Folie geschmolzen: Lösen Sie die Teile, die hängen geblieben sind, und schneiden Sie die Konturen mit einer kleinen Schere glatt.

GRUNDTECHNIKEN

Schablonieren

Vergewissern Sie sich, dass die zu dekorierende Oberfläche sauber und, falls nötig, präpariert ist, dann wählen Sie die Position der Schablone. Besprühen Sie die Schablone mit einem rückstandsfrei ablösbaren Sprühkleber und bringen Sie sie vorsichtig in die gewünschte Lage. Zusätzlich kleben Sie die Ränder mit schwach klebendem Abdeckband fest; damit verhindert man, dass die Farbe aus der Schablone herausläuft.

Schablonieren mit Acrylfarben

1 AUFTRAGEN DER ERSTEN FARBE
Eine kleine Menge Farbe auf Wasserbasis in eine Untertasse giessen. Die Pinselspitze in die Farbe tauchen und den Überschuss auf einem Stück Papier abstupfen, so dass die Farbe gleichmässig auf den Borsten verteilt ist. Mit aufrecht gehaltenem Pinsel wird die Farbe von den Motivrändern her nach innen aufgestupft. Bedecken Sie die Flächen, die mit einer anderen Farbe bemalt werden, mit einem Stück Papier.

2 AUFTRAGEN DER ZWEITEN FARBE
Damit die Farben rein bleiben, benutzen Sie für jede Farbe einen anderen Pinsel oder waschen Sie die erste Farbe mit einem milden Reinigungsmittel aus und trocknen Sie den Pinsel mit dem Fön.
Den Pinsel in die Farbe tauchen, die Borsten wie vorher präparieren. Es ist besser, die Farbe in mehreren dünnen Schichten sparsam aufzutragen als in einer einzigen dicken Schicht.

3 SCHATTIEREN DES MOTIVS
Durch Anbringen einer dunkleren Farbe an den Rändern des Motivs erhält man einen dreidimensionalen Effekt. Warten Sie mit dem Ablösen der Schablone, bis die Farbe vollständig trocken ist. Damit die Konturen scharf bleiben, beseitigen Sie alle Farbüberschüsse. Reinigen Sie die Schablone mit Saugpapier, bevor Sie sie wieder benutzen. Damit die Schablonen flach liegen, sollten sie in einer niedrigen Schublade oder in einem festen Umschlag aufbewahrt werden.

GRUNDTECHNIKEN

Übereinander gelegte Schablonen

1 **MIT SCHABLONENPAPIER**
Zwei Schablonen aus Manilapapier zuschneiden, jede mindestens 4 cm grösser als das Motiv. Pausen Sie die Hauptkonturen wie auf Seite 14 beschrieben auf das erste Papier. Achten Sie darauf, dass Sie die vier Markierungen anbringen, die Sie durch vier Linien miteinander verbinden. Dort, wo sie sich kreuzen, schneiden Sie die Ecken aus.

2 **MARKIERUNGEN**
Die zweite Schablone wird ebenso vorbereitet mit dem Unterschied, dass hier nur die Details in dunkler Farbe übertragen werden. Kleben Sie die erste Schablone auf und markieren Sie die Ecken L-förmig mit Bleistift. Malen Sie das Motiv mit einer kräftigen Farbe aus und nehmen Sie die Schablone ab, wenn die Farbe trocken ist. Legen Sie die zweite Schablone mit den Ecken auf die L-förmigen Markierungen. Festkleben und die zweite Farbe auftragen.

3 **MIT ACETATFOLIE**
Folienschablonen sind viel einfacher im Gebrauch, da man sehen kann, wie sie übereinander gelegt werden müssen. Bedecken Sie die Rückseite der zweiten Schablone mit ein wenig Sprühkleber und bringen Sie sie entsprechend der Zeichnung im Buch mit der Hauptkontur in Übereinstimmung.

17

Auftragen der Farbe

Stifte auf Ölbasis

Diese Stifte bestehen aus festen Pigmenten: Es gibt einige Farbreihen speziell für Schablonenmalerei, aber man kann auch normale Künstlerölkreide benutzen. Damit lässt es sich leichter arbeiten als mit Acrylfarben auf Wasserbasis, da nicht die Gefahr besteht, den Pinsel mit Farbe zu überladen, allerdings kann es bis zu zwei Tage dauern, bis die Farbe vollständig trocken ist. Schützen Sie das fertige Ornament mit Firnis vor Abnutzung.

1 AUFNEHMEN DER FARBE
Die Spitze der Ölkreide auf einem Stück Papier reiben, um die harte Oberfläche zu brechen, dann einen kleinen Pigmentpunkt malen. Die Farbe nimmt man auf, indem man die Pinselborsten in der weichen, gebröselten Farbe dreht. Es ist wichtig, dass die Borsten gleichmässig bedeckt sind.

2 AUFTRAGEN DER FARBE
Mit senkrecht gehaltenem Pinsel wird die Farbe mit sanften, drehenden Bewegungen auf die Schablone gestupft, so dass eine einheitliche Fläche entsteht. Mit dieser Technik erhält man grosse Flächen reiner Farbe, die man anschliessend durch Hinzufügen anderer Farbtöne nuancieren kann.

Stoffmalfarben

Die Schablonentechnik eignet sich vorzüglich für das Bemalen von Stoffen und man kann damit verschiedenste weiche Dekorations- und Kleiderstoffe verzieren. Man benutzt am besten handwaschfeste Stoffmalfarben. Der Stoff wird zuerst gewaschen, um jegliche Appreturreste zu entfernen; anschliessend wird er glatt gebügelt. Reine Baumwollstoffe sind leicht zu verarbeiten, aber auf Samt oder Organza erhält man mit Metallicfarben eine luxuriösere Wirkung.

1 AUFTRAGEN DER FARBE
Schützen Sie die Rückseite des Stoffes mit mehreren Lagen Saugpapier, damit die Farbe nicht durchdringt. Die Farbe mit dem Pinsel sparsam, aber gleichmässig auf dem Stoff auftragen. Die Farbe gut trocknen lassen und dann gemäss den Angaben des Herstellers mit dem Bügeleisen fixieren.

GRUNDTECHNIKEN

Auftragen der Farbe mit dem Schwamm

Auf grossen Flächen lässt sich die Farbe am schnellsten mit dem Schwamm auftragen. Dadurch erhält man einen interessanten fleckigen Effekt, der mit sorgfältigen Abtönungen noch verschönert werden kann. Für eine unregelmässige, körnige Ausführung benutzt man einen Naturschwamm, für ein feineres Aussehen einen synthetischen Küchenschwamm. Schnell trocknende Acrylfarben sind ideal für die Arbeit mit dem Schwamm und sollten vor Gebrauch leicht verdünnt werden.

1 VORBEREITEN DES SCHWAMMS
Wenn Sie einen Naturschwamm benutzen, weichen Sie ihn vor dem Gebrauch in warmem Wasser ein und drücken ihn aus. Je nach Grösse des Motivs tauchen Sie einen Teil oder den ganzen Schwamm in verdünnte Farbe. Den Farbüberschuss mithilfe eines saugfähigen Papiers entfernen, bis der Schwamm fast trocken ist.

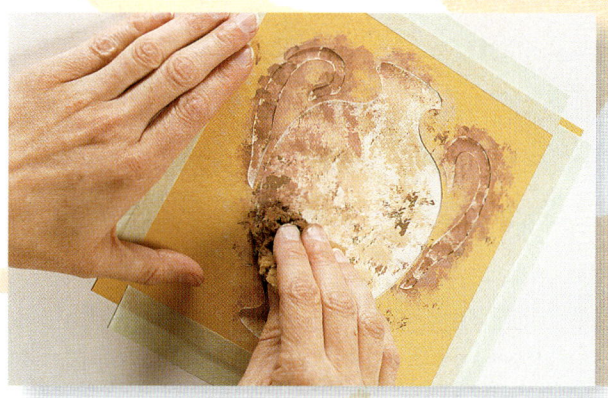

2 AUFTRAGEN DER FARBE
Tupfen Sie das ganze Motiv wiederholt ab, bis Sie eine strukturierte Fläche erhalten. Für den dreidimensionalen Effekt auf diesem Vasenmotiv wurde zuerst die hellste Farbe verwendet, dann wurden dunklere Schichten rund um die Konturen aufgetragen.

Sprühfarben

Sprühfarben sind ebenfalls ratsam für schnell herzustellende, grossflächige Schablonen ohne viele Details. Da sich der feine Sprühnebel sehr leicht ausbreitet, sollte eine Zone von wenigstens 30 cm um die Schablone herum mit Zeitungspapier oder Pauspapier abgedeckt werden. Wenn Sie in geschlossenem Raum arbeiten, ist es empfehlenswert, eine Schutzmaske zu tragen.

1 BESPRÜHEN DER FLÄCHE
Befestigen Sie die Schablone wie gehabt und decken Sie die Umgebung ab. Die Sprühflasche ca. 20 cm von der Schablone entfernt halten und gleichmässig mehrmals darüber sprühen. Bewegen Sie Ihre Hand hin und her, damit sich die Farbe nicht an einer Stelle ansammelt und zu laufen beginnt. Jede Schicht trocknen lassen, bevor die nächste aufgesprüht wird.

GRUNDTECHNIKEN

Finish

Schablonenmalerei ist eine unglaublich vielseitige Technik, mit der man eine grosse Anzahl unterschiedlicher Wirkungen erzielen kann; zwei Personen werden eine Schablone nie in der gleichen Weise benutzen. Vielleicht möchten Sie alte Muster durch vorsichtiges Aufstupfen von blassen Farben reproduzieren, ein modernes Design mit kräftigen Farben herstellen oder Ihre Vorhänge selbst bedrucken. Mit ein wenig Fantasie und Übung werden Sie herausfinden, dass Sie die Motive durch Veränderung der Grösse, mittels verschiedener Farben und Farbtypen auf Ihre persönliche Weise interpretieren können.

STUPFTECHNIK (STIPPLING)
Ein einfarbiges Motiv bekommt grosse Tiefenwirkung durch das Auftragen von mehr Farbe in bestimmten Zonen.

SCHATTIEREN DURCH PINSELDREHUNGEN
Für eine deutlichere Wirkung mit einer gleichmässigen Oberfläche tragen Sie die Farbe mit drehenden Bewegungen auf. Folgen Sie den Richtungen der Konturen, um Pinselstriche zu imitieren.

SCHATTIERUNGEN DURCH STUPFEN
Stupfen Sie die hellsten Farbtöne zuerst auf und fügen Sie dunklere Schattierungen an den Rändern des Motivs hinzu, so erhalten Sie einen dreidimensionalen Effekt.

GRUNDTECHNIKEN

STRUKTURGEL
Acrylgels verleihen dem schablonierten Motiv ein interessantes Aussehen: Hier wurde eine sandähnliche Struktur benutzt, um einen wirklichkeitsgetreuen Effekt zu erzielen.

STOFFMALFARBEN
Man kann auf fertigen Kleidungsstücken wie T-Shirts arbeiten oder auf einfarbigen Stoffbahnen, die man hinterher verwendet, wie man möchte.

MALEN MIT DEM SCHWAMM
Für Kinder eignet sich das Malen mit Schwamm als Einführung in das Schablonieren, aber mit dieser Technik lassen sich auch anspruchsvolle Ergebnisse erzielen.

METALLIC-WACHSE
Diese glänzende Spezialfarbe sollte mit einem weichen Tuch aufgetragen werden und vollkommen trocken sein, bevor die Schablone abgenommen wird.

SPRÜHFARBE
Sprühfarbe verleiht einem fertigen Schablonenmotiv eine leicht gesprenkelte Struktur – man erhält mehr Tiefe durch Übersprühen mit einer dunkleren Farbe.

KERAMIKFARBE
Keramikfarben können in dünnen Schichten mit einem Schwamm aufgetragen werden oder – wie hier – in einer dicken Schicht mit einem Pinsel, um eine kräftigere Wirkung zu erhalten.

GRUNDTECHNIKEN

Komposition eines Musters

Schablonenmuster können einzeln zum Schmücken von kleinen Gegenständen benutzt werden. Zur Dekoration von grossen Flächen hingegen wie Wänden, Fussböden oder Holztruhen muss man die Motive wiederholen oder zwei oder mehrere Motive miteinander kombinieren, um ein zusammenhängendes Muster zu erhalten. Daraus ergibt sich ein unerschöpfliches Dekorationspotenzial und es erlaubt Ihnen, die verschiedenen Möglichkeiten zur Anfertigung ganzflächiger Muster auszuprobieren.

Fries

In einem Zimmer kann ein schablonierter Fries auf Höhe der Fussleiste oder des Gesimses angebracht werden, um grosse einfarbige Wandflächen zu unterbrechen. Markieren Sie eine Reihe von Punkten, jeweils ca. 30 cm voneinander entfernt, auf Höhe des unteren Schablonenrands. Verbinden Sie sie mit einer Bleistiftlinie, prüfen Sie dann mit einer Wasserwaage, ob die Linie gerade ist. Beginnen Sie den Fries am linken Ende.

1 ÜBERTRAGEN DER MARKIERUNGEN
Übertragen Sie die Markierungen auf die Schablone, damit sich die Wiederholungen richtig aneinanderreihen. Schneiden Sie am Ende der Linien oben und unten kleine Kerben in die Schablone. Besprühen Sie sie mit Sprühkleber, legen Sie sie mit dem unteren Rand an die Bleistiftlinie und markieren Sie die rechten Kerben an der Wand, bevor Sie die Schablone festkleben.

2 MOTIVWIEDERHOLUNG
Für die zweite und alle weiteren Wiederholungen legen Sie die Schablone jetzt mit den linken Kerben genau auf die vorhergehenden Bleistiftmarkierungen. Vergessen Sie nicht, die rechten Kerben vor dem Aufkleben anzuzeichnen. Die Bleistiftlinien können später mit einem weichen Radiergummi entfernt werden.

Herstellung von Spiegelbildern

Durch einfaches Umdrehen der Schablone erhält man eine lebhafte und dynamische Wirkung. Zeichnen Sie eine waagerechte Grundlinie an und legen Sie das erste Bild links auf. Entfernen Sie jeglichen Farbüberschuss von der Schablone, lassen Sie sie trocknen und drehen Sie sie dann um. Die Schablone für das Spiegelbild mit einem kleinen Zwischenraum an die Grundlinie legen und anmalen.

GRUNDTECHNIKEN

Diagonale Wiederholungen

Wenn Sie genügend Geduld haben, können Sie diese Technik benutzen, um eine ganze Wand wie mit einer Tapetenimitation zu bedecken. Um ein wirklich professionelles Ergebnis zu erzielen, nehmen Sie ein Lot zu Hilfe, um sicherzugehen, dass das erste Motiv vertikal angebracht wird. Mit einer Wasserwaage kontrollieren Sie dann den Fortgang der Arbeit.

1 MARKIEREN DER SCHABLONE
Schneiden Sie ein akkurates Rechteck aus Schablonenpapier und teilen Sie es in Viertel. Schneiden Sie eine Kerbe in das Ende jeder Linie. Pausen Sie das Motiv in die Mitte und schneiden Sie es aus. Halten Sie die Schablone auf die erste Position links auf der Wand. Markieren Sie die Mitte jeder Kerbe und die Ecken mit einem kleinen Bleistiftkreuz, kleben Sie die Schablone fest und bemalen Sie sie.

2 POSITIONIEREN DER DRITTEN SCHABLONE
Für die zweite Wiederholung bringen Sie die linke Seite der Schablone in Übereinstimmung mit den rechten Markierungen des ersten Ornaments. Die linke untere Ecke und die mittlere Kerbe der Schablone liegen an den beiden oberen rechten Kreuzen. Einzeichnen der restlichen Kreuze, Ankleben und Ausmalen des Motivs. Bei der dritten Wiederholung die linke obere Ecke der Schablone wie in der Abbildung an die Kreuze anlegen. Arbeiten Sie so über Kreuz nach unten weiter, bis die ganze Fläche ausgefüllt ist.

Wiederholungen um einen zentralen Punkt herum

Für diese Methode braucht man quadratische Schablonen. Schneiden Sie ein Quadrat aus Schablonenpapier oder Acetatfolie, 3 cm grösser als das Motiv, und verbinden Sie zwei Ecken mit einer diagonalen Linie. Übertragen Sie ein Motiv, das genau auf dieser Linie und beidseitig gleich weit von den Rändern des Quadrats entfernt liegt. Zeichnen Sie zwei sich rechtwinklig schneidende Grundlinien. Legen Sie die inneren Schablonenränder an eine Ecke und malen Sie die erste Wiederholung. Die Schablone um 45 Grad drehen und die zweite Wiederholung malen, dann ebenso die dritte und vierte.

23

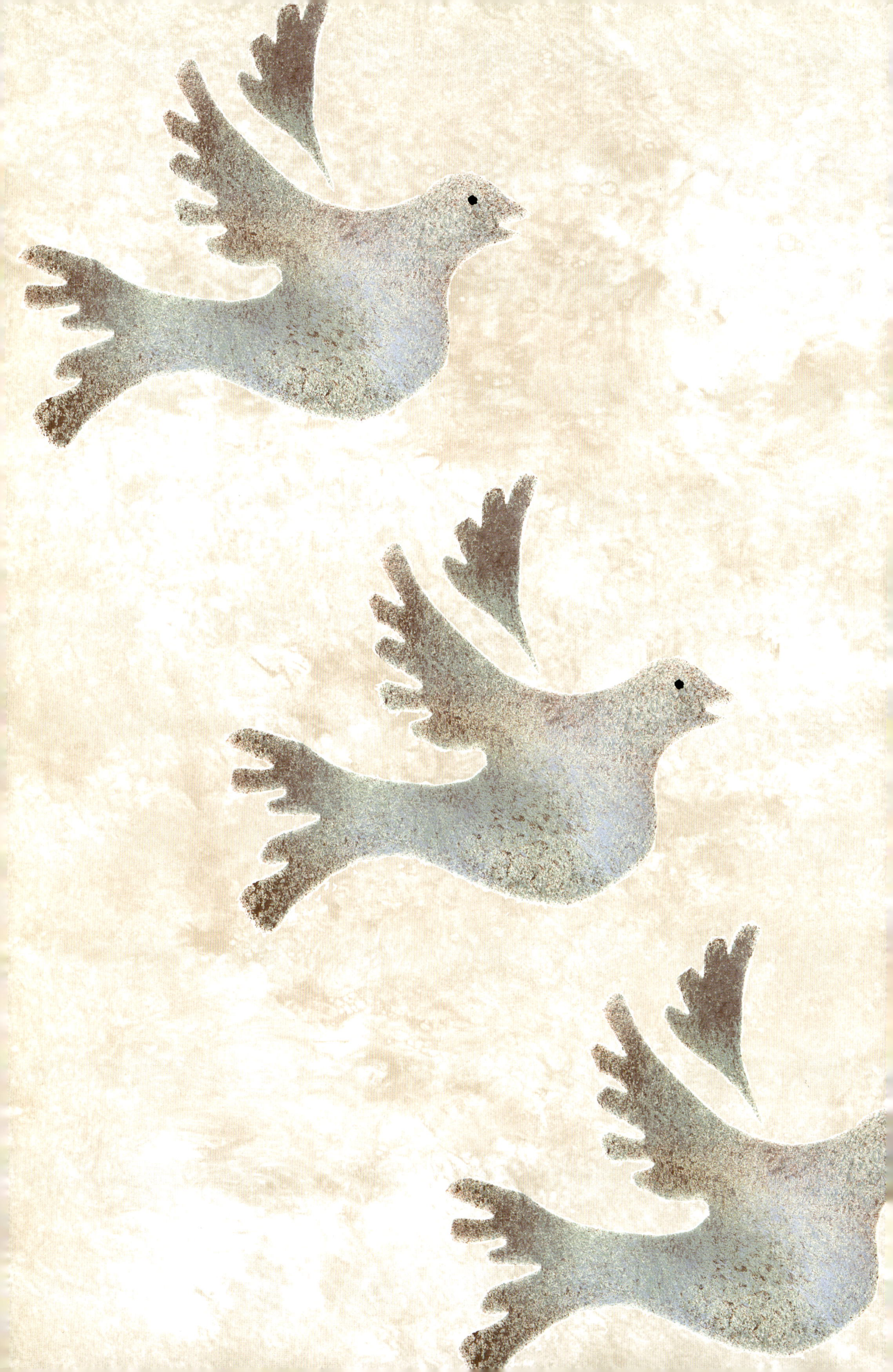

Folklorestil

Überall auf der Welt hat die Volkskunst ihre Inspiration immer in ihrer natürlichen Umgebung gesucht. Die Schablonen dieses Kapitels enthalten Motive aus Nordamerika, Osteuropa und Skandinavien. Alle spiegeln eine reiche Tradition wider und stellen Bäume, Vögel, Tiere, stilisierte Früchte und Blumen dar sowie einige Motive aus dem ländlichen Kunstgewerbe wie Applikationen, Patchwork, Stickerei und Möbelmalerei.

FOLKLORESTIL

Herzen

Herzen findet man in der Volkskunst vieler Länder und sie symbolisieren traditionell Liebe und Zuneigung. Diese hier stammen aus Pennsylvania von holländischen Motiven aus dem 19. Jh.

FOLKLORESTIL

FOLKLORESTIL

Schmetterlinge
Diese Schmetterlinge passen sehr gut zu einem der grösseren Blumenmotive aus dem Kapitel »Blumen und Früchte«. Die Farben können je nach Farbarrangement angepasst werden.

FOLKLORESTIL

Füllhorn

Wie der Name andeutet, symbolisiert das Füllhorn Fruchtbarkeit und Überfluss und es ist schon seit der Klassik ein beliebtes Motiv. Diese Version stammt von den extravaganten, applizierten Patchworkdecken, wie sie in Baltimore um 1860 angefertigt wurden.

FOLKLORESTIL

Fliegende Vögel
Diese fliegenden Vögel, inspiriert von einem Art-and-Crafts-Holzschnitt aus dem frühen 20. Jh., können einzeln verwendet werden oder als Fries mit dem Singvogel.

Singvogel
Eine Applikation von 1860 aus dem Staat New York – ein »Paradiesvogel«-Quilt für eine Braut – hat für dieses Motiv Pate gestanden.

FOLKLORESTIL

Hühnerhof

Dieser währschafte Hahn stammt von einer alten kupfernen Wetterfahne. Das Original war dick mit Grünspan bedeckt, so dass dem Schablonenmotiv naturgetreuere Farben hinzugefügt wurden. Die Gänse gegenüber können in ähnlichen Tönen gemalt werden.

FOLKLORESTIL

Arts-and-Craft-Motive

Die von William Morris und seinen Anhängern wiederbelebte Volkskunst verbindet sich im frühen 20. Jh. mit dem Jugendstil zu der englischen Arts-and-Craft-Bewegung, hier mit den stilisierten Vogel- und Hasenmotiven wiedergegeben.

FOLKLORESTIL

Tiere vom Bauernhof

Die Details des grossen Pferdes und des Hundes werden dem Grundmotiv mithilfe einer zweiten Schablone hinzugefügt (siehe S. 17): Man kann die dunklen Zonen jedoch auch mit einem feinen Pinsel aus der freien Hand malen.

FOLKLORESTIL

37

Heraldische Einhörner

FOLKLORESTIL

Rentiere
Diese beiden Rentiere – eines springend und eines gehend – sind ideale Weihnachtskartenmotive. Sie können auch den anderen Tieren in die Arche folgen (siehe nächste Seite).

FOLKLORESTIL

Arche Noah

Die Arche war ein beliebtes volkstümliches Motiv und wurde immer wieder verwendet, sowohl in Bildern als auch bei geschnitztem Spielzeug. Diese Version, die sich als Kinderzimmerfries eignet, kann mit einer Friedenstaube vervollständigt werden. Schablonieren Sie je zwei Tiere einer Art.

Um sie zu unterscheiden, variieren Sie die Farben ein wenig und mit einem feinen Pinsel fügen Sie Details hinzu. Für die Kuh und den Stier gibt es je eine Schablone.

FOLKLORESTIL

Arche Noah

FOLKLORESTIL

FOLKLORESTIL

Litauische Volkskunst

Dieser rot-grüne Efeukranz ist ein ideales Weihnachtsmotiv. Der Vogelbaum gegenüber ist eine Nachahmung traditioneller Malerei auf Fensterläden. Beide Motive stammen aus Osteuropa.

FOLKLORESTIL

FOLKLORESTIL

Schwammdekor-Keramik
Einfache Motive wie diese Blumen, Herzen und Blätter waren bei den Töpfern des 19. Jh. so beliebt wie heute. Sie wurden aus Kartoffeln oder aus festem Schaumstoff ausgeschnitten, in flüssiges Email getaucht und dann zum Dekorieren von ländlicher Keramik – Teller, Becher, Schüsseln und Krügen – benutzt.

FOLKLORESTIL

FOLKLORESTIL

Russische Stoffe
Diese feingliedrige Weide stammt von einem Baumwolldruck aus St. Petersburg. Die Herzen sind Teil eines reich bestickten Schals und können einzeln oder aneinander gereiht als Fries verwendet werden.

FOLKLORESTIL

Skandinavische Stickerei

Die skandinavischen Länder haben ein reiches kunstgewerbliches Erbe, insbesondere Stickereien. Diese drei Motive stammen von einem finnischen Kreuzstickmustertuch. Fertigen Sie für das Herz des Hahns eine separate Schablone an oder malen Sie es aus der freien Hand.

49

Amerikanische Wandschablonen

Gemusterte Tapeten kamen gegen Ende des 18. Jh. in Mode, waren jedoch sehr teuer, so dass Schablonendekoration einen idealen Ersatz darstellte. Wanderdekorateure waren darauf spezialisiert, direkt auf gegipsten Wänden zu arbeiten.
Dieses Sträusschen und das Friesmotiv spiegeln die Einfachheit ihrer Muster wider.

FOLKLORESTIL

FOLKLORESTIL

Applikationsmotive
Blumen und Herzen bilden eine immer währende und beliebte Kombination. Diese von Applikationen inspirierten Motive können, in Anlehnung an die Originalquilts, mit Schablonen auf Stoff gemalt und anschliessend abgesteppt werden.

FOLKLORESTIL

Patchworkmotive

Dieses »Sonnenstrahlen« genannte Patchworkmuster besteht aus warmen Orange- und Goldtönen. Werden für dasselbe Motiv Blautöne verwendet, heisst es »Schiffskompass« und könnte zusammen mit den Schiffsschablonen aus Kapitel 4 benutzt werden. Der »Traubenkorb« und der »Stern mit acht Spitzen« gegenüber bestehen aus einer einfachen Kombination von Recht- und Dreiecken.

FOLKLORESTIL

FOLKLORESTIL

Polnische Blumen
Die Tulpenvase mit den subtilen Schattierungen auf der rechten Seite beruht auf einem traditionellen Scherenschnittmotiv, während der Rosenkorb und das Blumenmotiv von einer mit hellen Farben schablonierten Schüssel stammen.

FOLKLORESTIL

Klassische Motive

Für Architekten und Künstler haben klassische und historische Motive immer eine reiche Inspirationsquelle dargestellt und jede neue Generation hat die Motive der Vergangenheit in ihrem zeitgenössischen Rahmen neu interpretiert. Die Schablonen der folgenden Seiten umfassen 2000 Jahre Kunstgewerbe und Design aus aller Welt, von antiken römischen Mosaiken und chinesischer Keramik bis zu illuminierten keltischen Handschriften, mittelalterlichen Kacheln und Kunstrichtungen des 20. Jh.

KLASSISCHE MOTIVE

Lorbeerkranz
*Ein Kranz aus immergrünen Lorbeerblättern
ist ein altes Symbol für Sieg und Frieden –
und ein klassisches Dekorationsmotiv.*

MOTIFS CLASSIQUES

Anthemionfries

Dieses Muster beruht auf einem altgriechischen Fries. Beginnen Sie den Fries mit den drei Motiven. Für die Wiederholung legen Sie den unteren Rand an die Markierung und malen die Lotusblume sowie die rechte Palmette. Abschliessend malen Sie ein S unter das Muster, rechts von der letzten Palmette.

Griechischer Mäanderfries

Beginnen Sie links und malen Sie die gesamte Schablone aus. Für die Wiederholung bedecken Sie die erste Hälfte mit Abdeckband, dann bringen Sie die Markierungspunkte in Einklang und arbeiten nach rechts weiter. Benutzen Sie die erste Hälfte nur zum Ausfüllen der freien Fläche am Ende des Frieses.

KLASSISCHE MOTIVE

Griechische Vasen
Mit dem Schwamm (siehe S. 19) können Schablonen schnell und direkt bemalt werden. Dadurch erhalten diese Vasen einen Freskoeffekt.

63

KLASSISCHE MOTIVE

Römischer Mosaikfries
Dieser gewundene Trompe-l'œil-Fries war ein häufig gebrauchtes Motiv in römischen Mosaikböden, wo es als Umrandung oder zur Gliederung des Musters benutzt wurde.

KLASSISCHE MOTIVE

Mosaikvogel
Diese Taube kann als Einzelmotiv, umgedreht als Paar oder in Verbindung mit dem Mosaikfries gegenüber benutzt werden.

KLASSISCHE MOTIVE

Bourbonenlilie

Das grössere dieser beiden Motive stammt von Keramikkacheln in englischen Kathedralen des Mittelalters. Diese Lilie kann aufrecht als Einzelmotiv benutzt oder um einen zentralen Punkt herum wiederholt werden, so dass ein quadratisches Muster entsteht (siehe S. 23)

KLASSISCHE MOTIVE

Löwe und Adler
Mit heraldischen Kreaturen wie diesen wurden im Mittelalter Decken und Wände dekoriert, aber auch Möbel und gestickte Banner.

KLASSISCHE MOTIVE

Viktorianische Gotik

In der Viktorianischen Epoche erwachte das Interesse an mittelalterlicher Kunst wieder. Fussbodenkacheln mit Mustern wie diesen wurden in Massen für den Hausgebrauch produziert und dann zur Dekoration von Fluren und Gartenwegen gebraucht. Grössere Schablonen wie die auf der rechten Seite wurde zum Dekorieren von Wänden und Möbeln benutzt.

KLASSISCHE MOTIVE

KLASSISCHE MOTIVE

Italienische Renaissance

Diese drei Blumenmuster stammen von üppig gemusterten Stoffen, wie sie im 14. und 15. Jh. für Kleider und Möbel verwendet wurden, die man auf Gemälden aus dieser Zeit sehen kann.

KLASSISCHE MOTIVE

Verschlungene Raute
Laubsägemuster wie dieses verschlungene Motiv schmückten in kleinerem Format und in Schwarzweiss die Seiten der ersten gedruckten Bücher.

KLASSISCHE MOTIVE

Renaissancebrokat

Diese symmetrischen Motive sind charakteristisch für die ursprünglich aus schwerer Seide gewobenen Brokatstoffe. In diagonalen Wiederholungen (siehe S. 23) wirken sie sehr gut auf einem grossen Stück Stoff oder einer grossen Wand.

KLASSISCHE MOTIVE

KLASSISCHE MOTIVE

Lilie, Iris und Pfingstrose
Diese beiden Blumen und das Pfingstrosenmuster gegenüber sind Vergrösserungen von schmuckähnlichen indischen Miniaturen aus dem 18. Jh., die sehr bunt und reich an Details sind.

KLASSISCHE MOTIVE

KLASSISCHE MOTIVE

Kaschmirmuster

In der angewandten Kunst ist das Kaschmirmuster eines der ältesten. Es fand in Europa und Amerika viele Anhänger, als gewobene und gestickte Schals aus Indien importiert wurden. Der englische Begriff »paisly« stammt von der gleichnamigen schottischen Stadt, wo die westlichen Varianten hergestellt wurden.

KLASSISCHE MOTIVE

Indischer Elefant
Wie die Lilien- und Irismotive auf Seite 74 ist dieser trompetende Elefant Teil einer Miniatur.

KLASSISCHE MOTIVE

Chinesische Kalligraphie

全

FRIEDE UND HARMONIE

同
见
人

AUSGEGLICHENHEIT

泰

WOHLSTAND

愛

VOLLKOMMENHEIT

KLASSISCHE MOTIVE

Ming-Vase
In der chinesischen Keramik bilden Blau und Weiss eine bevorzugte Farbkombination und sie hat ihrerseits wiederum viele Arbeiten in anderen Ländern beeinflusst.

KLASSISCHE MOTIVE

Japanische Blüten und Blätter
Diese Auswahl japanischer Motive stammt von Lackarbeiten, Stickereien, schablonierten Stoffen und Gemälden.

80

KLASSISCHE MOTIVE

Runder keltischer Knoten

Die kreisförmige Verflechtung ohne Anfang und Ende dieses runden Ornaments und der quadratische Knoten auf der anderen Seite symbolisieren Harmonie und Unendlichkeit. Man findet sie häufig in der keltischen Kunst.

KLASSISCHE MOTIVE

Book of Kells
Diese kleinen Motive sind Vergrösserungen von Details, die an den Rändern des Evangeliars von Kells erscheinen, einer der bedeutendsten und schönsten illuminierten Handschriften der Welt.

KLASSISCHE MOTIVE

Spanische Kachel und Fries

Wie die Bourbonenlilie kann diese quadratische Schablone einzeln als Raute benutzt werden oder, zur Schaffung eines zusammenhängenden Musters, in Wiederholungen von Blocks zu vier Motiven um einen zentralen Punkt herum (siehe S. 23). Es passt gut zum texturierten grünen Fries rechts.

KLASSISCHE MOTIVE

KLASSISCHE MOTIVE

Jugendstilblumen

Die stilisierten Blumen wie die Rosenknospe, die Tulpe und der Rosenfries gegenüber sind typisch für den eleganten Jugendstil, der gegen Ende des 19. Jh. entstand. Die geschwungenen Linien eignen sich gut für die Schablonenmalerei.

KLASSISCHE MOTIVE

KLASSISCHE MOTIVE

Mittelmeersonne und Sterne

Die strahlende Sonne ist ein häufig vorkommendes Motiv in allen Kulturen. Diese Version und die Sterne auf der nächsten Seite wurden in den warmen Gelb- und Ockertönen der Mittelmeerländer gemalt.

KLASSISCHE MOTIVE

KLASSISCHE MOTIVE

ABCD
EFGH
IJKL
MNO

KLASSISCHE MOTIVE

PQRS
TUV
WXYZ

KLASSISCHE MOTIVE

abcd
efghij
klmn
opqrs

KLASSISCHE MOTIVE

tuvw
xyz

12345
67890

Blumen und Früchte

Die unerschöpflichen Formen und Farben von Blumen und Früchten waren für die Schablonen dieses Kapitels Vorbild. Die Motive – vom einfachen Gänseblümchen in naivem Stil bis zu anspruchsvollen Bändern und Rosen im Art-déco-Stil – folgen mehr oder weniger den vier Jahreszeiten. Es beginnt mit den klaren, leuchtenden Farben der Frühlingsblumen wie Schlüsselblumen, Osterglocken und Veilchen. Diesen folgen die vollen Rosenblüten des Hochsommers, die üppigen Farben des Herbstes und die mit Raureif bedeckten Blätter und Beeren des Winters.

BLUMEN UND FRÜCHTE

Fuchsie und Rosen

Diese kleinen Blumenmotive und der Schachbrettfries, die der französischen ländlichen Keramik nachempfunden sind, können in verschiedenen Farbtönen gemalt werden, um die Wirkung zu variieren. Ideen dazu finden Sie auf Seite 22.

96

BLUMEN UND FRÜCHTE

BLUMEN UND FRÜCHTE

Frühlingsblumen
Die Motive von bedruckten Kleidern des frühen 19. Jh. wurden stark vergrössert und in kräftigen zeitgenössischen Farben angemalt, um diese einfachen Blumenmuster zu schaffen.

BLUMEN UND FRÜCHTE

BLUMEN UND FRÜCHTE

Blumen fürs Kinderzimmer
Diese stilisierten Tulpen und Gänseblümchen in Primärfarben eignen sich besonders gut für Kinderzimmer und können auf Wänden, Stoffen oder Möbeln angebracht werden.

BLUMEN UND FRÜCHTE

101

BLUMEN UND FRÜCHTE

Tulpe und Nelke
Diese beiden Motive sind beeinflusst von botanischen Holzschnitten, mit denen Kräuterbücher illustriert wurden. Diese wiederum beeinflussten viele Stickmotive des 17. Jh.

BLUMEN UND FRÜCHTE

Osmanisches Nelkenmotiv
Dieses eher förmliche Motiv ist typisch für Textilien des Nahen Ostens, wo die Nelke wegen ihres feinen Dufts und ihrer Farbe angebaut wurde.

BLUMEN UND FRÜCHTE

Holländische Tulpen und Vase
Die blau-weisse Delfter Keramik und die Tulpen sind Symbole für die Niederlande schlechthin, wo während der Tulpenspekulation in den 1630ern ganze Vermögen für eine einzige Zwiebel verspielt wurden.

BLUMEN UND FRÜCHTE

BLUMEN UND FRÜCHTE

Rosen und Bänder
Diese femininen rosa- und türkisfarbenen Rosen und Bänder verbreiten einen Hauch von Art déco, der an die eleganten Boudoirs der 1930er-Jahre erinnert.

BLUMEN UND FRÜCHTE

BLUMEN UND FRÜCHTE

*Schlüsselblumen
und Veilchen*

BLUMEN UND FRÜCHTE

Klematis
Diese Bergwaldrebe wird mit der Schablone in hellem Violett gemalt. Die Details auf den Blütenblättern und in der Mitte werden mit einem feinen Pinsel und in dunkleren Farben hinzugefügt.

BLUMEN UND FRÜCHTE

Glockenblumen

BLUMEN UND FRÜCHTE

Osterglocken

Sonnenblume

Die Farbabstufungen, die dem Zentrum einen dreidimensionalen Effekt verleihen, wurden durch das Auftragen verschiedener Farben in konzentrischen Kreisen erreicht.

Für eine grosse Sonnenblume den Stiel direkt auf die Wand malen, mehrere Blätterpaare in regelmässigen Abständen schablonieren und schliesslich mit der Blüte abschliessen.

BLUMEN UND FRÜCHTE

Einfache Margeriten

BLUMEN UND FRÜCHTE

Chrysanthemenfries
Wie die mit Raureif bedeckten Beeren auf der Seite gegenüber
kann dieses naive Blätter- und Blütenmotiv allein oder
in Wiederholung als Fries
verwendet werden.

BLUMEN UND FRÜCHTE

Winterbeerenfries
Dieses Muster im Jugendstil könnte in wärmeren Farben die Rosenknospe, Tulpe und Rose der Seiten 86 und 87 ergänzen.

BLUMEN UND FRÜCHTE

Kirschblüten und Kirschen

Für diese Muster benutzen Sie die hellsten Rosa- und die dunkelsten Rottöne zusammen mit zarten Grüntönen für die Blätter und dunkleren Farben für die Kirschen.

BLUMEN UND FRÜCHTE

BLUMEN UND FRÜCHTE

Äpfel und Birnen
Die rostroten Töne des Apfels und die zarteren Töne der Birnen werden in feinen Schichten aufgebaut, so dass ein dreidimensionaler Effekt entsteht. Das viktorianische Muster auf der nächsten Seite wird genauso angefertigt.

BLUMEN UND FRÜCHTE

BLUMEN UND FRÜCHTE

Herbstblätter

Vervollständigen Sie diese Blättersammlung durch selbst gesuchte und gepresste Blätter. Malen Sie deren Konturen direkt auf Schablonenpapier und vereinfachen Sie die Formen beim Ausschneiden falls nötig.

BLUMEN UND FRÜCHTE

Weinfries
Weintrauben und -blätter, hier in üppigen Herbstfarben gemalt, sind seit römischen Zeiten ein beliebtes Motiv.

BLUMEN UND FRÜCHTE

Erdbeeren
Malen Sie die Erdbeeren einfarbig und fügen Sie die kleinen Körner als gelbe Punkte hinzu.

122

BLUMEN UND FRÜCHTE

Ananas
Diese exotische Frucht war lange Zeit ein Symbol für Gastfreundschaft und deshalb findet man sie zum Zeichen des Willkommens an Toren und über Eingängen.

BLUMEN UND FRÜCHTE

Orangen und Zitronen
Malen Sie diese einfachen Früchte in leuchtenden Gelb- und Orangetönen. Die Textur der Schale wird in nuancierten Farbschichten aufgestupft.

BLUMEN UND FRÜCHTE

BLUMEN UND FRÜCHTE

Orangenbaum
Dieses komplexe Motiv wirkt am besten in reinen Farben, nur die Orangen werden durch Stupfen hervorgehoben. Die samtartige Textur der Früchte auf der nächsten Seite wird erreicht, indem man mit einem trockenen Pinsel mehrere Schichten aufeinander abgestimmte Rosa- und Pfirsichtöne aufstupft.

BLUMEN UND FRÜCHTE

Pfirsichbaum

Meeres- und Schiffsmotive

Fische, Muscheln und Seepferdchen sind unvergängliche, beliebte Badezimmermotive, aber dieses Kapitel bietet noch eine grössere Auswahl maritimer Ornamente. Die »Ferien-am-Meer«-Schablonen bestehen aus Eimern, Schaufeln und bunten Strandkörben, während tropische Korallen, Delfine und Palmen eine exotische Note hinzufügen. Segel- und Fischerboote sowie Dampfer werden mit Flaggen, Seilen, Ankern und Wellen ergänzt.

MEERES- UND SCHIFFSMOTIVE

Strandmotive

Denken Sie an die langen, sonnigen Sommertage am Strand und kreieren Sie Ihre Lieblingsmotive aus der Kindheit. Benutzen Sie die leuchtendsten Farben für Eimer, Spaten und Ball (auf S. 132) und texturieren Sie die Sandburg mit einem Schwamm oder mit Strukturgel (siehe Finish, S. 21).

MEERES- UND SCHIFFSMOTIVE

MEERES- UND SCHIFFSMOTIVE

Strandmotive

MEERES- UND SCHIFFSMOTIVE

Himmel

Diese Wolken und Vogelschwärme können den Strandmotiven sowie dem Leuchtturm, den Booten und Schiffen der folgenden Seiten einen Hintergrund geben. Malen Sie die Wolken auf einem blauen Untergrund weiss oder auf weissem Untergrund hellgrau.

MEERES- UND SCHIFFSMOTIVE

Leuchtturm

Den Graniteffekt des Felsens erhält man durch mehrere Schichten grauer und schwarzer Farbe, die mit einem sehr trockenen Pinsel aufgestupft werden. Für eine realistischere Darstellung hellen Sie die gelbe Farbe zum Ende der Lichtstrahlen hin auf.

MEERES- UND SCHIFFSMOTIVE

Signalisationsflaggen

Nautische Flaggen sind von Seefahrern jahrhundertelang zur Kommunikation mit der Küste und mit anderen Schiffen benutzt worden. Jeder Buchstabe des Alphabets ist durch eine Flagge repräsentiert.

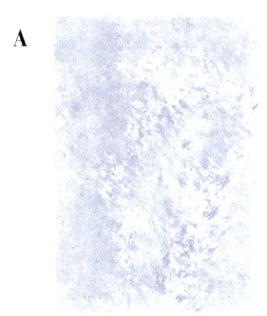

MEERES- UND SCHIFFSMOTIVE

Wellen- und Kettenfries

MEERES- UND SCHIFFSMOTIVE

Geknotetes Seil

Dieses Eckmotiv kann in Verbindung mit dem engen Seilfries auf Seite 138 benutzt werden, um ein quadratisches oder rechteckiges Paneel zu kreieren.

MEERES- UND SCHIFFSMOTIVE

Seilfriese
Diese Friese passen gut zu jedem nautischen Motiv insbesondere zu den Ankern rechts.

138

MEERES- UND SCHIFFSMOTIVE

Anker

MEERES- UND SCHIFFSMOTIVE

Segelschiffe

MEERES- UND SCHIFFSMOTIVE

Flaschenschiff
Die erste Farbschicht dieser Schablone – die Flasche – sollte in hellen aufgestupften Blautönen gearbeitet werden, um einen durchsichtigen Effekt zu erzielen. Ergänzen Sie das Meer mit weissen Flecken, um den Effekt von Schaumkronen zu erhalten.

MEERES- UND SCHIFFSMOTIVE

Boote fürs Kinderzimmer
Die Jacht und der flotte Dampfer sowie das traditionelle Fischerboot aus Cornwall auf der nächsten Seite können zu einem Fries für das Kinderzimmer kombiniert werden. Um eine tiefere See zu erhalten, kann man die Wellenmotive wiederholen.

MEERES- UND SCHIFFSMOTIVE

MEERES- UND SCHIFFSMOTIVE

Goldfische und Algen

Für ein abwechslungsreiches Motiv können die Fische in allen möglichen Farben gemalt werden. Die Details des Auges werden mit einem feinen Pinsel von Hand hinzugefügt.

MEERES- UND SCHIFFSMOTIVE

MEERES- UND SCHIFFSMOTIVE

Tropische Fische und Koralle
Die exotischen Umrisse des Grossen Segelflossers und anderer tropischer Arten sind interessante Formen für Schablonen. Wählen Sie leuchtende Farbtöne und arbeiten Sie in einfarbigen Flächen oder fügen Sie Schattierungen hinzu, um mehr Relief zu erhalten.

MEERES- UND SCHIFFSMOTIVE

MEERES- UND SCHIFFSMOTIVE

Palmen
Ergänzen Sie diese Palmen mit den Wolken und Möwen von Seite 133, wenn Sie sich eine einsame Insel schaffen wollen.

MEERES- UND SCHIFFSMOTIVE

Delfine

MEERES- UND SCHIFFSMOTIVE

Meereskreaturen
Die spiralförmigen Fangarme des Tintenfischs, der Qualle und der Seeanemonen können zusammen mit der Koralle und den Seepferdchen eine Unterwasserszene darstellen.

150

MEERES- UND SCHIFFSMOTIVE

Seepferdchen

MEERES- UND SCHIFFSMOTIVE

Seesterne

Der Schatten gibt den beiden kleineren Seesternen einen realistischen Effekt und er ist einfach herzustellen. Malen Sie das Motiv in hellem Grau oder Beige und lassen Sie es trocknen. Verschieben Sie die Schablone dann nach rechts und ein wenig höher; malen Sie sie dann mit einer dunkleren Farbe aus.

MEERES- UND SCHIFFSMOTIVE

Krebs

MEERES- UND SCHIFFSMOTIVE

Schneckenmuscheln
Wählen Sie die hellsten Töne von Zitronengelb, Rosa und Braun, um diesen Muscheln ein realistisches Aussehen zu verleihen. Für eine eindrucksvollere Wirkung benutzen Sie dunklere und kräftigere Farben.

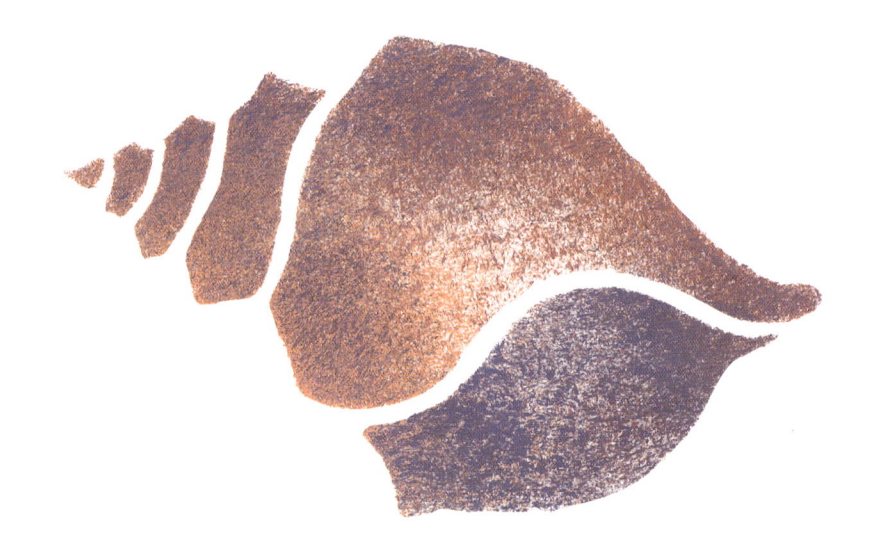

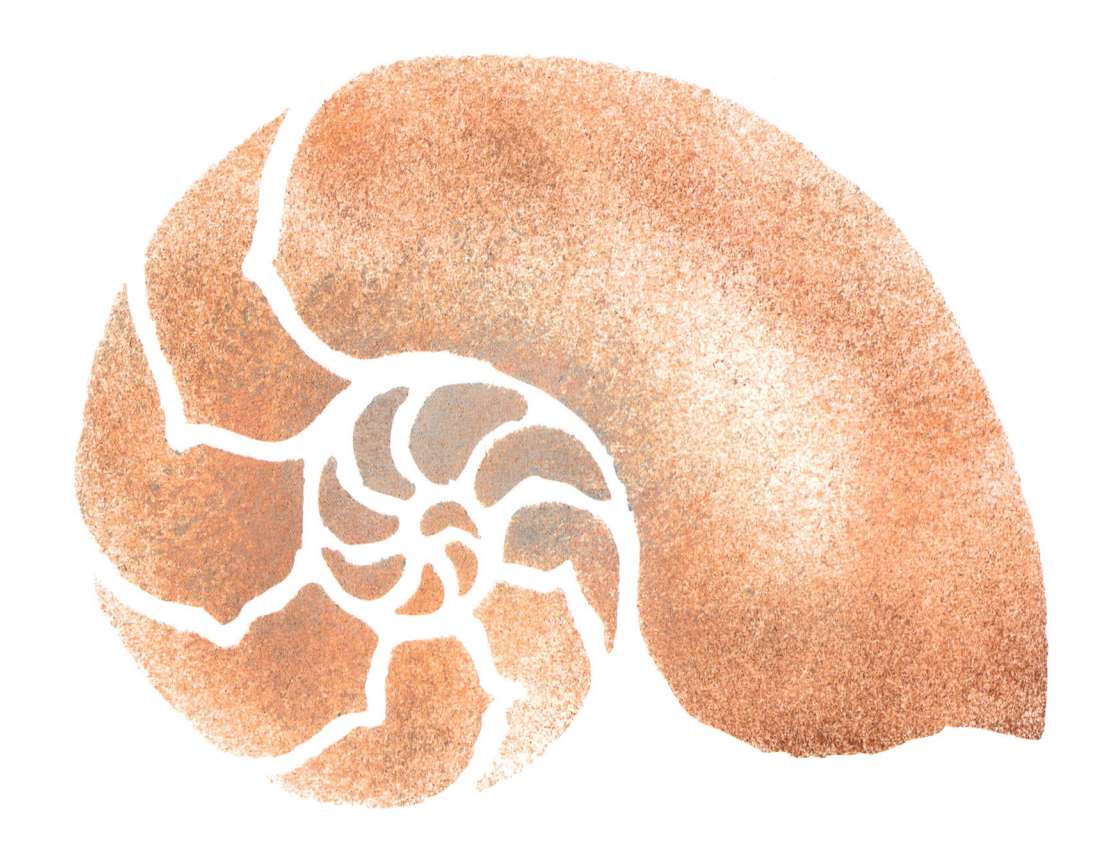

MEERES- UND SCHIFFSMOTIVE

MEERES- UND SCHIFFSMOTIVE

Jakobsmuscheln und Steine

Die Umrisse der Steine sind sehr einfach anzufertigen.
Der Reliefeffekt wird erreicht durch mehrere übereinander
liegende Farbschichten. Ähnliche Schattierungen
geben auch der Jakobsmuschel
eine echte Wirkung.

MEERES- UND SCHIFFSMOTIVE

Muscheln und Koralle

MIT SCHABLONEN MALEN

Register

Handwerkszeug und Techniken

Abdeckband, 13, 15, 16
Abpausen, 14
Abtönungen, 19
Acetatfolie, 8, 12, 13, 15, 17, 23
Aneinanderreihen, 22
Ausschneiden, 14

Bleistifte, 13
Bügeleisen, 12, 18

Cutter, 13-15

Farben, 12, 20-1;
   Acryl, 12, 16, 19;
   Auftragen von 18-19;
   auf Ölbasis, 12, 18;
   Keramik, 12, 21;
   Metallic, 18;
   Spray, 19, 21;
   Stoff, 12, 18, 21;
Firnis, 12, 18
Fotokopieren, 8, 14, 15
Friese, 8, 22

Glasplatte, 13, 15

Kugelschreiber, 13
Künstlerskalpell, 13

Lot, 23

Malcreme, Schablonen, 12
Malpalette, 12
Manilapapier, 13, 14, 17;
   siehe auch Papier
Markierungen, 17, 22, 62
Metallic-Wachs, 12, 21
Metalllineal, 13

Organza, 18

Papier,
Paus-/Kohlepapier, 13, 14;
   Schablonen, 8, 13-15, 17, 23

Samt, 18
Schablonenkleber,
   siehe auch Sprühkleber
Schablonieren, 16-21
   in verschiedenen
   Farbschichten, 118-9

mit Acrylfarben, 16,
übereinander gelegte
   Schablonen, 17, 36-7;
Schablonierfarbe, 12
Schablonierpinsel, 13
Schattieren, 16, 19, 20
   durch Drehen, 20
Schneidmatte, 13, 14
Schutzmaske, 19
Schwamm, 13, 19, 21, 63, 130-2
Spiegelbilder, 22
Sprühkleber, 13, 15-17, 22
Stencil Burner, 8, 13, 15
Stoffe, 18,
   siehe auch 48, 52, 72-3

Techniken 10-22;
   Acetatfolie, 15;
   Schablonen aus Papier, 14
   Strukturgel, 12, 21, 130-2

Wasserwaage, 22, 23
Wiederholungen, 23, 66, 84;
   diagonal, 23, 72-3

Motive

Schablonenvorlagen

Adler, 67
Algen, 145
Alphabet, 90-93, 135
Ananas, 123
Anker, 139
Äpfel, 118
Applikationen, 29, 31, 52-53
Arche Noah, 8, 40-43
Art déco, 7, 106-107
Arts-and-Crafts-Motive, 30, 34-35

Bäume, 34;
   Orangenbaum, 126;

Palme, 148;
Pfirsichbaum, 127;
   Vogelbaum, 45;
   Weide, 48
Bell, Vanessa, 7
Birnen, 118
Blätter, 46-47, 80-81, 120
Blumen, 20, 23, 46-7, 50-53, 56-57, 70, 74-75, 80, 86-87, 96-116
   siehe auch unter jeweiligem
   Namen
Bourbonenlilie, 23, 66
Brokatmuster, 72-73

Chinesische Kalligraphie, 78;
   Keramik, 79

Chrysanthemen, 114

Delfine, 149

Eckmotiv, 138
Einhörner, 38
Elefant, 77
Erdbeeren, 122

Fische, 144-147
Flaggen, 135
Flaschenschiff, 141
Friese, 22;
   Anthemion, 61;
   Beeren, 115;
   Chrysanthemen, 114;

MIT SCHABLONEN MALEN

Griechischer Mäander, 62;
Kinderzimmer, 40, 142-143;
Schachbrett, 96;
Seil, 138;
Spanisch, 85;
Trompe l'œil, 64
Wein, 121;
Früchte, 55, 116-119, 121-127,
  siehe auch unter jeweiligem
  Namen
Fuchsie, 97
Füllhorn, 29

Gänse, 33
Gänseblümchen, 100
Geometrische Motive, 7, 54-55
Giraffe, 41
Glockenblumen, 110
Goldfische 144-145
Grant, Duncan, 7
Griechische Motive, 61-63

Hahn, 32, 49
Hase, 22, 34-35, 42
Heraldische Motive, 38, 67
Herzen, 22, 26-27. 47-49, 53
Himmel, 133
Holländische Muster, 104-105
Hund, 37

Indische Motive, 74-77
Iris, 74

Jakobsmuschel, 156
Japanische Motive, 80-81

Kacheln, 68;
  Spanische Kacheln, 84-85
Kamel, 41
Kaschmirmuster, 76
Katze, 42
Keltische Motive, 82-83
Keramik, Chinesisch, 79;
  Delft 104-105;
  Schwammdekor, 46-47
Kirschen, 117;
  Blüten, 116

Klematis, 109
Koralle, 147, 157
Kranz: Efeu, 44;
  Lorbeer, 60
Krebs, 153
Kuh, 43

Leuchtturm, 134
Lilie, 74
Logo, 7
Löwe, 67

Margeriten, 113
Mittelalterliche Motive, 66-69
Monogramme, 7
Morris, William, 34
Muscheln, 154-157
Nelke, 102-103

Orangen und Zitronen, 124-125;
  Orangenbaum, 126
Osmanisches Nelkenmotiv, 103
Osterglocken, 111

Palmen, 61, 148;
  Palmetten, 61
Patchworkmotive, 54-55
Pferde, 36-37
Pfingstrose, 74-75
Pfirsichbaum, 127
Polnische Motive, 56-57

Quallen, 150

Raute, verschlungen, 71
Renaissance-Motive, 70-73
Rentiere, 39
Römische Motive, 64-65
Rosen, 20, 56, 86-87, 96-7, 106-107
Russische Motive, 48

Sandburg, 21, 130
Schaf, 42
Schiffe, 140, 142-143
Schiffskompass, 54
Schlüsselblumen 101, 108

Schmetterlinge, 28
Schwein, 43
Seeanemonen, 150
Seepferdchen, 151
Seesterne, 152
Skandinavische Motive, 7, 49
Sonne, 88
Sonnenblume, 112
Spanische Motive, 84-85
Steine, 156
Sterne, 21, 27, 55, 89
Stier, 43
Strandmotive, 130-132

Taube, 41
Tiere, 34-43
  siehe auch unter jeweiligem
  Namen
Tintenfisch, 150
Trauben, 55;
Tulpen, 57, 86, 100-102, 104-105

Vasen, 19, 49, 57, 105;
  Griechische Vase, 63;
  Ming-Vase, 79
Veilchen, 108
Vereinigte Staaten, 6-7, 26-7, 29, 31, 50-51
Viktorianisches Motiv, 119;
Volkskunst, 34-7;
  Osteuropa, 44-45;
Vögel, 26, 30-35, 45, 49, 133;
  Fliegende, 30, 133;
  Mosaikvogel, 65;
  Singvogel, 31;
  vom Bauernhof, 32-3;
  siehe auch unter jeweiligem
  Namen

Wandschablonen,
  amerikanisch, 50-51
Winterbeeren, 115

Zahlen, 93

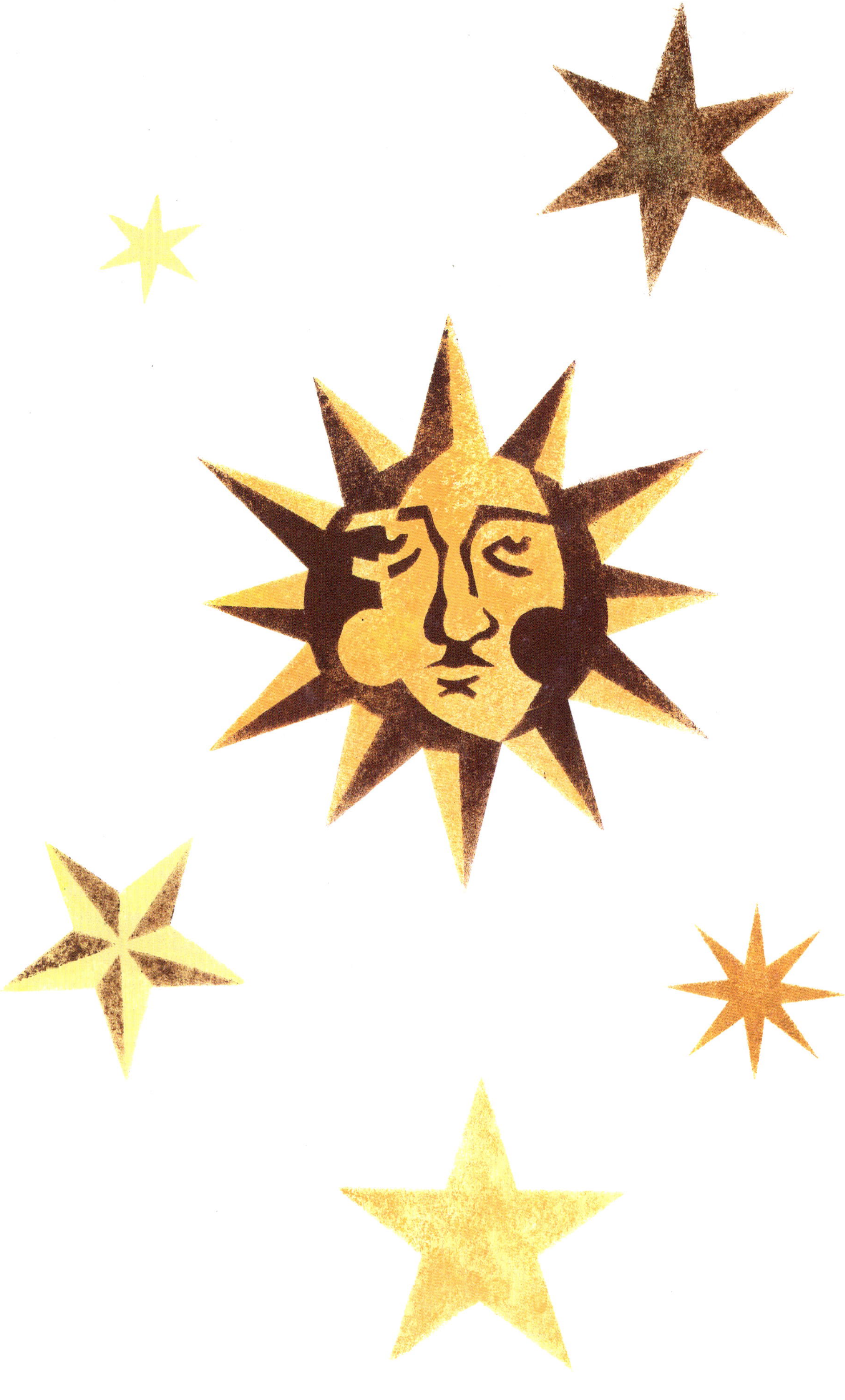